AF226394

L'Alsace=Lorraine
et
La Fête Nationale

CONFÉRENCE

Faite à Paris le 12 Juillet 1910

par

PAUL DÉROULÈDE

ent de la LIGUE DES PATRIOTES

et Cie, Éditeurs, 7, Place Saint-Sulpice, Paris

DU MÊME AUTEUR :

Chants du Soldat (ouvrage couronné par l'Académie français), 158ᵉ édition. in-32 . . . . . .

Nouveaux Chants du Soldat, 130ᵉ édition, in-32 . .

Marches et Sonneries, 59ᵉ édition . . . . .

Refrains militaires, 32ᵉ édition, in-32 . . . .

Chants du Passan (ouvrage couronné par l'Académie française), 43ᵉ édition, in-32 . . . . .

Histoire d'amour, 19ᵉ édition, in-16 . . . .

Education militaire, une brochure (épuisée) . . .

Désarment ? une brochure (épuisée). . . . .

Le Livre de la Ligue des Patriotes (réimpression) in-32

Juan Strenner, un acte en vers, in-32 . . . .

L'Hetman, 27ᵉ édition, 5 actes en vers, in-32. . .

La Moabite, 28 édition, 5 actes en vers, in-32. . .

Messire Du Guesclin, 30ᵉ édition, drame en vers en 3 actes, avec prologue et épilogue, in-32. . .

La Mort de Hoche, 10ᵉ édition, 5 actes en prose, in-32

La plus belle fille du monde, 1 acte en vers, in-32.

Le Premier Grenadier de France : La Tour d'Auvergne, étude biographique, 1 volume illustré (épuisé).

Chants du Soldat, édition de luxe, 1 volume illustré, in-8.

Poésies militaires, 1 vol. illustré, in-8. . . .

Monsieur le Hulan et les trois couleurs, conte de Noël, 1 vol. illustré par Kautmann, (épuisé).

Feuilles de route 1870, in-16. . . . . .

Nouvelles Feuilles de route 1870-1871, in-16 .

Pages Françaises, préface par J. et I. Tharaud, in-8

Qui Vive ? France ! « Quand même », notes et discours 1883-1890, in-16 . . . .

———◆◆◆———

CONFÉRENCE

Faite le 12 juillet 1910

A la Fédération des Jeunesses-Patriotes

et Républicaines de la Seine

par

PAUL DÉROULÈDE

Président de la Ligue des Patriotes

MESDAMES, MESSIEURS,

Pour diverses raisons que j'expliquerai en temps et lieu, mon intention était de ne pas sortir de ma retraite ou tout au moins de mon silence avant le mois d'octobre. La Fédération des Jeunesses Républicaines-Patriotes de la Seine, — parmi lesquelles figurent bon nombre de mes jeunes amis du Quartier-Latin — a mis tant de bonne grâce et une si cordiale insistance à me demander de prendre la parole que leur désir l'a emporté sur ma volonté. Il est vrai que le sujet de la conférence sollicitée était de ceux qui me tiennent le plus au cœur ; il est non moins vrai que vous aviez barre sur moi, mes jeunes camarades, depuis le jour où j'assistais, témoin ému et reconnaissant, à l'imposant et superbe défilé des Etudiants parisiens devant la statue de Strasbourg, réponse si spontanée et si opportune au monôme patriotique des Etudiants strasbourgeois autour de la statue de Kléber.

Si ma joie avait été grande de vous voir apporter là, sans distinction d'opinions, l'hommage de vos vingt ans, elle est non moins grande, ce soir, de savoir que, cette fois encore, c'est sans distinction d'opinions que la jeunesse de Paris a répondu à votre appel et que nous voilà réunis dans cette salle n'ayant tous au cœur que cette passion qui doit dominer toutes les autres passions, que ce sentiment devant qui doivent disparaître tous les dissentiments et tous les ressentiments politiques : l'amour filial ou, pour parler comme Rouget de l'Isle, l'amour sacré de la Patrie.

Aussi, quelles que soient mes convictions et mes croyances personnelles, si intransigeantes que se montrent à l'ordinaire mes préférences ou mon hostilité pour ou contre telle ou telle forme de gouvernement, je saurai n'en rien dire aujourd'hui, et les jeunes patriotes non républicains qui ont pris place parmi vous n'entendront pas sortir de ma bouche une seule parole dont puissent s'offusquer ni leurs oreilles, ni leurs pensées,

Tout au plus pourront-ils trouver çà et là que je fais montre de trop d'impartialité vis-à-vis de politiciens dont je suis loin de partager les doctrines, ni d'approuver les actes, mais à qui je ne peux pourtant pas refuser le droit de pen-ser comme moi sur certaines questions extérieures.

Quel avantage y aurait-il, du reste, et même quel désavantage n'y aurait-il pas à faire du patriotisme l'apanage d'un parti et à restreindre ainsi très inutilement et très faussement le nombre des Français qui aiment la France?

Et puis, voyez-vous, mes amis, pour se distinguer des sectaires, il n'est encore rien de tel que d'être justes.

I

Messieurs, des deux chapitres ou des deux parties de cette conférence telles que vous les indique déjà son double titre, la Fête Nationale n'est et ne sera que le thème épisodique ; la situation respective de l'Alsace-Lorraine par rapport à la France et de la France par rapport à l'Alsace-Lorraine en est, au contraire, la thèse centrale. C'est vous affirmer une fois de plus que ma neutralité sera aussi complète que possible, puisqu'elle m'est implicitement imposée par le sujet que j'ai à traiter devant vous.

*
* *

Car, en effet — et les esprits prévenus le nieraient en vain — dès qu'il s'agit de nos deux provinces, de nos deux expatriées, aussi bien dans le Parlement que dans le Pays, les nuances de parti s'effacent ou, si chacun garde sa couleur, les bleus, les blancs et les rouges se rallient, se sont toujours ralliés et se rallieront toujours sous les plis du drapeau tricolore.

Dieu merci ! Il n'y a pas que des Ligueurs-Patriotes et que des Républicains-Plébiscitaires qui pavoisent la statue de Strasbourg le 14 juillet ! Aux manifestations de la place de la

Concorde, comme aux revues de Longchamp il n'y a plus, il ne peut plus y avoir que des Français. C'est même l'honneur de notre chère Nation, si divisée sur tant de points, que l'union des volontés se fasse si facilement sur la question d'Alsace-Lorraine et que cette terre perdue reste toujours, pour nous tous, la terre promise.

Quand je dis nous tous, je ne parle pas, bien entendu, de nos internationalistes humanitaires qui se vantent de n'avoir pas de patrie ou plutôt d'être de toutes les patries, ce qui revient au même, ainsi que l'affirme sagement l'adage latin : *Qui ubique, nusquam — Celui-là n'est nulle part qui est partout* ; j'excepte également de mes éloges nos anarchistes, militants et antimilitaristes, qui ne se prétendent sans foi ni loi que pour se dispenser de tout scrupule et de toute contrainte et je ne m'illusionne pas beaucoup plus sur Messieurs les pacifistes dont les chimériques prédications ne feraient guère moins de mal à l'esprit public, si les événements ne leur donnaient chaque jour quelque éclatant démenti. Qui sait même si ces aimables philosophies ne sont pas, de tous les adversaires de l'idée de Patrie, les plus dangereux parce que les plus discrets et les moins visibles ? Ils recouvrent d'un tel vernis de philanthropie leur besoin et leur goût de tranquillité personnelle ! Ils déclarent si benoîtement que toute effusion de sang est un crime ! Ils préconisent d'un ton si patelin la résignation à la conquête et la soumission au conquérant !

Comme cette trop fameuse Mme de Tencin dont Chamfort disait qu'elle était si douce qu'elle n'empoisonnerait ses ennemis qu'avec du sucre, les mielleuses paroles de ces gens-là empoisonnent doucement la France.

Et, ce ne sont pas les égoïstes ou les indifférents seuls que ces verseurs d'opium engourdissent peu à peu et de plus en plus, ce sont au contraire les esprits chevaleresques et primesautiers, ce serait, ce pourrait être la jeunesse, la généreuse jeunesse si accessible et si prompte aux pitiés humaines.

Quelle séduisante théorie, n'est-il pas vrai ? que l'abolition de la peine de guerre, cent fois plus cruelle, mille fois plus injuste que la peine de mort, les soldats n'étant même pas des criminels.

Quels plus nobles cris que ceux de : « Vive la Fraternité des Peuples ! » et de « Vive la Paix !.... »

Seulement la guerre ne dépend pas de nous seuls ; les frères allemands continuent à aiguiser leurs épées, et la paix qu'on impose aux peuples qui ne savent plus combattre s'appelle le démembrement.

*
* *

Vous connaissez sans doute, au moins par ouï dire, le reproche que m'adressait dès 1884 le précurseur de ces apostats déguisés en apôtres?

Ce prince du scepticisme, ce professeur d'incrédulité, qui se trouvait être par malheur un grand écrivain — ce qui ne faisait de lui qu'un plus grand corrupteur — ce semeur de négations, qui lançait un jour en pleine Académie cette phrase imprégnée du plus pur nihilisme :

« La vérité est un phare à feux changeants »; ce démolisseur de croyances qui avait déjà proféré au lendemain de la capitulation de Paris cet autre blasphème jeté comme une pelletée de cendres sur les révoltes patriotiques de Paul de Saint-Victor : « Ce qui me rassure, moi, pour la paix de l'Europe, c'est la lâcheté du peuple français ! » — Ernest Renan, pour l'appeler par son nom,— Ernest Renan blâmait devant moi non pas seulement les moyens d'action et les méthodes de propagande de notre Ligue des Patriotes, mais son but.

« A quoi bon, disait-il, toute cette agitation verbale, ces secousses irritantes et ces excitations superflues?» et il concluait, les deux mains béatement croisées plus bas que son cœur : « La France se meurt, jeune homme, ne troublez pas son agonie ! »

La réponse que j'ai dû faire et que j'ai faite, sur l'heure, à cette affirmation désespérante et désespérée, est sans intérêt; l'intéressant c'est la réponse que lui a faite la France elle-même, depuis vingt-cinq ans.

Laissons de côté, n'est-ce pas, toute la politique intérieure du régime,- détournons-en les yeux pour ne regarder que ce qui a trait à la question qui nous occupe. Considérons le rang que la France a repris parmi les peuples, les alliances qui se sont formées autour d'elle : les espérances, les combinaisons, les calculs qui reposent sur son intervention possible dans tous les conflits européens.

Est-ce une morte, est-ce même une moribonde, que cette Nation en armes qui attire, malgré tout, le respect de l'univers, l'inquiétude de l'Allemagne, la confiance de l'Angleterre et de la Russie?

Eh oui ! sans doute, les parlementaires parlementent et atermoient ; oui, ils ont commis et commettent encore de graves, de déplorables fautes, ne se souciant guère plus de la liberté que de l'égalité, de la fraternité que de la justice, mais cela ne les a pas empêchés de se soucier « quand même » de l'Alsace-Lorraine ; cela n'empêche pas qu'entre tant de législatures qui se sont succédé depuis 1870, il ne s'est pas trouvé de majorité qui se soit montrée réellement antifrançaise.

Si ! cependant, si ! par deux fois, et à chaque fois sous l'impulsion du même ministre, d'un de ces ministres financiers qui consultent le pouls de la Bourse au lieu de tâter le cœur du peuple. En 1887 et en 1905, les parlementaires égarés par M. Rouvier, entraînés par lui dans sa folle terreur — réelle ou feinte — ont été pris de panique et ont obéi honteusement à un mot d'ordre venu de Berlin. Le renvoi du général Boulanger et la chute du ministre Delcassé s'en sont suivis ; lâchetés inoubliables et qui font partie de mes griefs contre le parlementarisme !

— Mais est-ce que les huit cent millions annuels du budget de la guerre qui ne sont, somme toute, que le budget de la rançon et de la délivrance, ne sont pas toujours votés sans difficultés, presque sans discussion ? Est-ce que, hormis ce misérable André et ce déplorable Pelletan, tous les ministres de notre défense nationale n'y ont pas travaillé en conscience, selon leur valeur naturellement, selon leur intelligence comme de juste, c'est-à-dire non pas toujours très bien, mais de leur mieux ?

Est-ce que, même après l'ignoble aventure des fiches, même et en dépit de trop fréquentes et très regrettables démissions, notre armée incontestablement plus instruite, plus entraînée, mieux outillée et plus nombreuse qu'elle ne l'était en 1870, n'est pas debout, solide et prête au combat ?

Et quant au peuple, à ce peuple français que M. Renan disait si lâche, croyez-vous, parce qu'il préfère, comme il l'a préférée de tout temps, la paix à la guerre, croyez-vous qu'il ne contient plus et n'offrirait plus, comme il les a toujours contenues et toujours offertes, d'inépuisables ressources d'énergies et d'élans patriotiques?

*
* *

Vous me parlerez des criminelles mutineries de quelques régiments ou de quelques équipages isolés?

Je vous parlerai, moi, de la bravoure, de l'endurance et de l'entrain de tous nos officiers et de tous nos soldats à chaque occasion et partout où ils ont eu à marcher au feu! Je vous parlerai de l'héroïsme, de la constance, du stoïcisme de nos marins et de leurs chefs au milieu des plus épouvantables catastrophes.

Vous me parlerez de l'indolence, voire de la pusillanimité d'un grand nombre de nos concitoyens en face de mesures qui les oppriment ou de lois qui les blessent dans leurs croyances, dans leurs intérêts ou dans leurs droits?

Je vous parlerai, moi, de l'intrépidité inouïe et de la folle hardiesse de nos aviateurs et de nos aérostiers, de nos navigateurs et de nos pionniers ! et — *si parva licet componere magnis —* du tempérament endiablé de nos automobilistes de terre et de mer.

Vous me parlerez de la fièvre de plaisir qui brûle Paris et des malsaines curiosités qui l'emportent vers des spectacles plus ou moins grossiers?

Je vous parlerai de son sang-froid, de sa géné

rosité, de son dévouement fraternel, de sa bonne humeur et de sa bonne grâce, pendant les ravages de l'inondation !

Symptômes pour symptômes, ceux que je vous cite valent bien, j'imagine, ceux que l'on m'oppose.

Ah ! que non certes, elle ne mourra pas l'immortelle ! Ses maladies de surface, ses désordres nerveux, ses plaies politiques, pour dire le mot, sont des accidents très guérissables, étant donné la solidité de ses poumons, la robustesse de ses membres, la richesse de son sang et les vigoureux battements de son cœur.

Jamais, d'ailleurs, la nation n'a mieux prouvé sa force de résistance, son prodigieux ressort et sa volonté de vivre que dans cette longue traversée de crises intérieures où elle a eu à faire face tantôt à l'absence de tout gouvernement, tantôt aux assauts répétés de pouvoirs anarchiques et arbitraires. Nous pouvons toujours dire d'elle avec orgueil, ce qu'en disait déjà le vieux Guez de Balzac à la fin des guerres de religion : « La France est un vaisseau qui a pris la tempête pour pilote, seulement c'est un vaisseau qui ne sombre pas ». « *Fluctuat nec mergitur* », devise parisienne, devise française aussi !

En France, il ne faut désespérer de rien, ni de personne...

J'ignore pour quelle part la Ligue des Patriotes, les Associations de Vétérans, les Sociétés d'Education physique et d'Instruction militaire ont contribué au maintien de sa vigueur; je suis même très enclin à penser qu'elles ne sont, les unes et les autres, qu'une des nombreuses manifestations de notre vitalité nationale; mais en tout cas... et ce ne sont pas les déplorables bagarres de ces temps derniers, ni les haineux articles de la *Guerre sociale*, ni les excès de langage des Confédérés du Travail qui m'en feront dédire : Internationalistes, anarchistes, pacifistes, tout ce clan bariolé de déserteurs du devoir et de renégats de la Patrie ne sont et ne seront jamais chez nous qu'une infime minorité, qu'une infinitésimale fraction de notre grande et fière Nation.

Les antipatriotes y ont perdu leurs vociférations, et les prêcheurs d'abdication, leurs homélies : la majorité, l'immense majorité des Français est restée fidèle au souvenir de l'Alsace-Lorraine, tout comme l'immense majorité des Alsaciens-Lorrains reste fidèle au souvenir de la France.

*
* *

Ici, messieurs, nous entrons dans le vif du sujet et il nous va falloir pousser jusqu'au bout notre examen de conscience.

Ces deux fidélités mutuelles et réciproques sont également touchantes, elles ne sont pas également méritantes; elles le sont même très inégalement. Je n'aurai garde, vous le comprendrez, de compromettre par trop d'éloges de malheureux captifs qui ne jouissent déjà pas de trop de liberté, et qui ne subissent déjà que trop d'oppression. Mais, quoi de plus généreux de la part des annexés, de la part d'hommes qui ont souffert et souffrent encore pour nous et par nous, que ce regret continuel et continu de la culture française, après quarante ans de culture allemande. Quoi de plus courageux que l'obstination qu'ils mettent à parler français en dépit de tous les « schulmeistern », de tous les « professoren », « provisoren », et « kreis-directoren » venus de Poméranie, de Silésie ou de Thuringe. Ce n'est pourtant pas que ces maîtres allemands, qui s'érigent en maîtres d'allemand, ménagent à leurs élèves récalcitrants les punitions d'amende ou de prison que leur distribue à tort et à travers une magistrature immigrée, plus prussienne que la Prusse et plus impérialiste que l'empereur. Les spirituels caricaturistes Zislin, de Mulhouse, et Hansi, de Colmar, en savent quelque chose, et aussi cet intrépide abbé Wetterlé qui vient de publier sous ce titre humoristique : *Deux mois de villégiature forcée*, l'histoire et l'historique de ses soixante-deux jours de prison.

*
* *

Cet intéressant petit livre que j'ai là et avec lequel je viens de voyager d'Angoulême à Paris, est un document plein de renseignements et d'enseignements des plus instructifs, d'abord sur l'état d'esprit germanique et ensuite sur l'état d'esprit... mettons autochtone, pour être prudent.

Il y a là des pages qui sont de véritables révélations.

D'autant que l'honorable condamné ne s'est pas contenté de nous faire connaître son jugement personnel sur ses juges. Il renforce ses appréciations de comptes-rendus des deux procès intentés à son journal le *Nouvelliste d'Alsace-Lorraine*, par le pédagogue pangermaniste et panguillaumiste Herr Gneisse.

Les rédacteurs de ces comptes-rendus aussi exacts que vivants, et aussi vivants que mordants, sont, l'un le Colmarien Sidel, l'autre le Strasbourgeois Paul Bourson — ce même Bourson qui signala si heureusement à la France la détresse et la noblesse de la famille du capitaine Fiegenschuhe.

Ils n'ont eu l'un et l'autre qu'à mettre les faits sous les yeux du lecteur pour rendre évidente l'extraordinaire iniquité des magistrats, moins extraordinaire iniquité que le bons sens, l'éloquence, le franc-parler et le franc-cœur des deux défenseurs de l'abbé Wetterlé : MM. Preiss et Blumenthal.

Il ressort, en outre, de la liasse de journaux allemands apportés à l'audience, que la polémique soi-disant délictueuse du directeur du *Nou-*

velliste n'était qu'une riposte. L'attaque était partie de la plume mal taillée du plaignant en personne qui, dans plusieurs articles violents, sinon grossiers, s'inquiétait et s'indignait, non pas seulement de la non-germanisation de « ce mauvais pays d'Empire », mais de ce qu'il appelait « sa francisation de plus en plus intolérable ».

Je regrette, messieurs, que le temps me manque pour vous lire quelques passages des plaidoiries des uns, des articles des autres, du beau discours adressé à la foule par le prisonnier à sa sortie de prison, ainsi que de la vigoureuse harangue prononcée en sa faveur par le docteur Pfleger en pleine séance du Landesausschuss. Mais, faites mieux, mes amis, procurez-vous et lisez vous-mêmes ce vaillant petit volume, lisez aussi, quand vous en aurez l'occasion, des journaux français de là-bas. Vous puiserez dans ces diverses lectures bien plus que dans mes paroles, bien mieux que sur mes lèvres, tout autant que dans mon cœur, la réconfortante conviction que nos frères séparés, comme les baptisait Gambetta, restent quand même et toujours nos frères inséparables.

*

Je sais bien que les liens qui les unissaient à nous dataient, ceux-là, de près de trois cents ans ; je sais bien que dès leur entrée dans la famille

française ils y ont été accueillis, non pas
le poing tendu, mais les bras ouverts ; que
Louis XIV, lui, s'était toujours refusé à bom-
barder Strasbourg ; que dès 1721, l'agent prus-
sien Schmettau, chargé de soulever l'Alsace pour
le roi de Prusse, et d'y faire entrer des convois
d'armes, avait déclaré que la tentative était folle
et que les fusils remis aux Alsaciens leur servi-
raient à repousser l'envahisseur et non pas du
tout à le seconder ; je sais également que la Ré-
volution Française avait trouvé en eux ses meil-
leurs adeptes, les guerres de la République et de
l'Empire leurs plus fiers soldats ; je sais aussi
que tous les gouvernements qui se sont succédé
en France n'ont jamais rien fait pour leur dis-
puter le droit de parler telle langue que bon leur
semblait et qu'ils ont, au contraire, toujours tout
fait pour leur laisser une administration et des
administrateurs, une magistrature et des magistrats indigènes ; je sais non moins bien qu'en
1848, lors des fêtes de Gutenberg, le toast ten-
dancieux du bourgmestre de Berlin qui avait
levé son verre en l'honneur de l'Alsace, « cette
fille de l'Allemagne », lui avait attiré cette écra-
sante réplique, jaillie du cœur du maire de Strasbourg, M. Schuttenberger : « Il se peut que
l'Alsace soit la fille de l'Allemagne, mais elle
est aujourd'hui l'épouse de la France et elle lui
donne tous ses enfants ». Enfin, je sais encore
mieux que, le 17 février 1871, à l'Assemblée
nationale de Bordeaux, tous les représentants de

l'Alsace et de la Lorraine ont signé l'inoubliable, l'ineffaçable, l'imprescriptible déclaration qui se termine ainsi : « Nous proclamons à jamais inviolable le droit des Alsaciens-Lorrains de rester membres de la Nation Française et nous jurons, tant pour nous que pour nos commettants, nos enfants et leurs descendants, de revendiquer éternellement ce droit par toutes les voies, envers et contre tous les usurpateurs ! »

Tout cela fait sans doute bien des raisons d'attachement et encore plus de témoignages d'affection, mais tout cela ne fait pas qu'affirmée face aux geôliers, redite et continuée de générations en générations, même limitée comme elle l'est aujourd'hui à une simple revendication d'autonomie, la protestation de l'Alsace et de Strasbourg, de la Lorraine et de Metz ne soit autrement hardie, autrement dangereuse, autrement méritante, je répète le mot, que toutes les protestations de la France et de Paris.

De ce côté-ci des Vosges, notre fidélité aux quinze cent mille Français livrés par nous à l'Étranger, à l'Ennemi, n'est qu'un devoir élémentaire ; allons plus loin, c'est une dette tellement sacrée, tellement indéniable que sa répudiation entraînerait pour nous la plus ignominieuse des banqueroutes morales et consacrerait aux yeux de l'Europe notre déchéance finale. De Londres à Berlin, de Pétersbourg à Vienne, de Madrid à Rome, chez nos amis comme chez

nos ennemis, la clameur serait générale : « Fi-
nis Galliœ ! »

*
**

Que tout ne soit pas de notre faute et de notre fait dans cette douloureuse situation ; qu'en
1870 l'infernal génie du chancelier de fer et de
sang nous ait fait tomber dans un piège préparé
de longue main ; qu'il ait falsifié la dépêche
d'Ems pour forcer les hésitations et les scru-
pules du roi Guillaume ; que ce soit sa volonté
dominatrice, sa dictature omnipotente à lui Bis-
marck, et non pas du tout le pouvoir personnel
du gouvernement impérial qui nous ait réduits
à la guerre et conduits à Sedan, ce sont là des
considérations qui ont leur importance au point
de vue historique, mais qui n'en ont aucune au
point de vue territorial.

Il en est des nations comme des individus.

De ce qu'un homme a été attiré et égorgé
dans un guet-apens, de ce qu'il lègue à ses enfants une situation grevée de lourdes charges, il
ne s'ensuit pas que les continuateurs du nom,
s'ils sont jaloux de le porter dignement, puissent se croire en droit de répudier l'héritage et
de ne pas rétablir le patrimoine.

C'est en matière d'honneur surtout que le
mort saisit le vif et que les créanciers du père
deviennent en droiture ceux des fils.

On vous objectera peut-être — maints curés

pondants allemands me l'ont souvent objecté — que, surprise ou non, qu'extorquée ou non, arrachée ou non par la force, la signature de la France a été mise au bas d'un pacte conclu, selon la formule protocolaire, à titre perpétuel et irrévocable.

Répondez hardiment que le traité de Francfort ne peut pas plus engager la France *in æternum* que le traité de Vienne n'a éternellement engagé l'Autriche, l'Angleterre ou la Russie, que le traité de Westphalie n'a engagé l'Allemagne et la Hollande et que, — plus près de nous, — les traités de Paris et de Villafranca n'ont enchaîné à tout jamais les Russes et les Italiens !

Toute convention internationale qui aboutit à une dépossession de territoire, à un déplacement de frontière, à une livraison d'hommes, quand elle est signée sous le couteau et non pas pacifiquement demandée ou pacifiquement consentie par les populations elles-mêmes, ne peut être et n'a jamais été qu'un armistice donnant aux belligérants vaincus le temps d'enterrer leurs morts et de guérir leurs blessés.

**

Où en serait la France, si elle eût tenu pour perpétuels et irrévocables les dix ou douze traités qui l'ont tour à tour morcelée du Nord au Sud et du couchant au levant? Où en serait la civilisa-

tion européenne, le progrès des sciences, des let-
tres et des arts, l'expansion des idées, de justice
et de liberté, si de mutilation en mutilation, de
recul en recul, la plus généreuse, la plus humaine, la plus fraternelle, et disons-le, la meil-
leure des grandes nations s'était vue repoussée,
refoulée, confinée dans l'Ile-de-France, et que
son berceau fût devenu sa tombe?

Grâce à Dieu qui lui a solidement chevillé
l'âme dans le corps, l'éternelle envahie a toujours secoué toutes ses invasions, toujours sur-
vécu à toutes ses agonies.

Les délais de guérison ont été plus ou moins
longs selon la gravité de la blessure et aussi, il
faut bien le dire, selon la vigilance, le savoir et
le dévouement de ses médecins; mais le mira-
culeux rétablissement s'est toujours opéré.

Souvent même la blessée se relevait plus
grande qu'elle n'était tombée; la vaincue, rede-
venait insolemment victorieuse, les représailles
dépassaient le dommage.

Tel n'est pas mon vœu.

Nous devons l'Alsace-Lorraine à la France,
nous devons la France à l'Alsace-Lorraine; rien
de moins, rien de plus. Tout ce que nous pren-
drions en sus serait de mauvaise prise et de
prise fatale, étant de prise injuste.

Le droit de la force, le *Faustrecht* cher à Bis-
marck et non moins cher dans le fond du cœur

au provoquant et verbeux Kaiser, que son oncle Édouard VII appelait si spirituellement « son valeureux poltron de neveu », ce « droit du poing » est aujourd'hui d'enseignement purement germanique.

L'enseignement français, ou, pour nous exprimer comme nos amis d'Alsace, la culture française y répugne, le réprouve et le renie.

Maintenant, s'il plaisait à Dieu que, dans le tumulte de la bataille, la couronne impériale tombât du front de la Prusse pour se replacer sur la tête de l'Autriche; s'il lui plaisait même qu'elle tombât tout à fait par terre et que quelque grande république fédérale la ramassât et la confisquât, ce ne serait pas nous qui nous en plaindrions, ce ne serait peut-être pas non plus le peuple allemand, ce ne serait pas, à coup sûr, les populations danoise et polonaise.

J'en arrive, messieurs, à la seconde partie de cette conférence, à cette partie que j'ai qualifiée d'épisodique.

Il me reste, en effet, à vous faire connaître l'épisode qui a déterminé le choix du 14 juillet comme jour consacré à notre manifestation annuelle en l'honneur de l'Alsace et de la Lorraine.

Je reconnais tout le premier qu'une démonstration patriotique à laquelle sont conviés et viennent prendre part des Français de tous les partis, serait aussi bien, sinon mieux placée, à une date non politique, telle, par exemple, que le 5 octobre, jour glorieux de la double défaite des Prussiens à Iéna et à Auerstaedt, ou que le 10 mai, jour douloureux de la signature du traité de Francfort.

Une Fête Nationale exceptionnelle en a décidé autrement : la Fête Nationale de 1880 !

Dix années s'étaient écoulées depuis l'Année Terrible, tous les Français en âge de porter les armes en avaient appris et en connaissaient le maniement ; une forte discipline, d'autant plus forte qu'elle était alors indiscutée, soudait les uns aux autres nos jeunes soldats ; nos officiers s'étaient mis à la hauteur de leur tâche, qu'ils croyaient prochaine; l'Armée française était reconstituée.

Il fut unanimement reconnu dans les conseils du gouvernement, tant soit peu stimulé par Gambetta, que l'heure était venue de donner à la Nation une récompense de ses longs efforts, une consécration et comme une attestation de ses nouvelles forces.

Un décret publié dans les derniers jours d'avril 1880 fixa au 14 juillet suivant, dans l'après-midi de la Fête Nationale, la grande revue d'honneur au cours de laquelle devait avoir lieu la remise de nouveaux drapeaux et de nouveaux étendards aux régiments de France et d'Algérie.

L'annonce et l'attente de cet événement, qui semblait devoir être d'une portée considérable, provoquèrent par toute la France une émotion ou pour mieux dire une commotion patriotique indicible.

Paris surtout tressaillait d'enthousiasme et de fierté.

*
* *

Ce que fut cette revue du 14 juillet 1880, ni nos plus grands peintres n'ont pu le rendre, ni nos plus éloquents écrivains ne l'exprimeront jamais. Pour le comprendre, sans espérer le faire comprendre à autrui, il faut avoir assisté à ce réveil de tout un peuple ressuscité à l'Espérance, debout pour le Droit, en marche vers la Gloire.

Personne n'eût admis, personne n'eût pu croire que ces emblèmes sacrés ne venaient d'être confiés à notre jeune armée que pour rester roulés dans leur gaine ou pour n'en sortir que pour saluer au passage les divers chefs d'Etat de notre république parlementaire.

Personne ne doutait même que cette passionnante distribution de drapeaux ne fût bientôt suivie d'une triomphale distribution de cartouches...

Ah ! Messieurs, qu'ils furent coupables les hommes d'Etat qui dilapidèrent tout ce trésor de forces vives, en une succession d'expéditions coloniales glorieuses à coup sûr, mais vaines, mais stériles, et plus coûteuses au total en hommes, en matériel et en argent, que la plus rude campagne européenne !

Qu'ils furent aveugles, les républicains qui ne virent pas que la République ne serait définitivement fondée que sur les bords du Rhin ! Qu'ils furent impies les ambitieux uniquement soucieux de leur pouvoir précaire qui ajournèrent la victoire par peur du général victorieux !

Mais passons !... J'ai pris l'engagement de ne pas faire de politique intérieure et j'en ferais et de la plus directe, et de la plus violente, et de la plus accusatrice, si je me laissais aller à examiner devant vous les causes réelles qui ont poussé tels ou tels ministres à se préoccuper beaucoup plus de leur soi-disant grande France d'outre-Mer que de notre vraie France d'outre-Vosges.

N'envisageons que celle-là, Messieurs, ne parlons que de celle-là puisque aussi bien c'est celle-là seule qui est l'objet et le sujet de notre réunion d'aujourd'hui.

*
* *

Ainsi que je vous le disais tout à l'heure, l'attente de cette grande journée française de 1880 avait surexcité et enflammé les esprits.

Or, dans la soirée du 13 juillet, un groupe de jeunes patriotes — la Ligue n'était pas encore fondée — était réuni autour de moi, qui étais de beaucoup leur aîné. Nous nous demandions avec anxiété quel moyen prendre pour associer visiblement l'Alsace et la Lorraine à une fête militaire dont elles étaient en fait les véritables héroïnes. Un de nous, c'était, je crois, le jeune Mulhousien Raymond Kœcklin, nous fit remarquer que la revue ayant lieu à Longchamp, la plus grande partie de la garnison de Paris et presque toutes les délégations des régiments de province et des colonies passeraient forcément par la place de la Concorde ; que la statue de Strasbourg se trouvait postée là en sentinelle avancée ; que nulle bouche humaine n'exprime rait mieux notre idée que sa bouche de pierre ; et que, somme toute, elle avait bien droit, elle aussi, à sa part de drapeaux.

Aussitôt dit, aussitôt fait ! Quelques-uns d'entre nous se mirent en route pour les achats nécessaires ; quelques autres firent le guet sur la place, en attendant qu'elle fût déserte ; tant et si bien que, conçu quelques heures à peine auparavant, le complot était mené à bonne fin avant le dernier coup de minuit, à la plus grande joie et satisfaction des conjurés.

C'est ainsi que le lendemain, au soleil levant, la statue du Devoir apparaissait aux yeux émerveillés des soldats et aux regards ravis des passants, toute nimbée de couronnes de fleurs et toute rayonnante sous son arc-en-ciel de drapeaux. Sur une planche taillée et peinte à la hâte, une main hardie avait inscrit ces vers :

> O Français arrachés
>> tout vivants à la France,
> Nos armes, nos drapeaux,
>> les verrez-vous la-bàs ?
> Saurez-vous vers quel but
>> marche notre espérance ?
> Et vous souviendrez-vous
>> que nous n'oublions pas ?

. . . .

*
* *

Hélas! mes amis, ce premier pavoisement dont vous connaissez maintenant l'origine, ce pavoisement symbolique que nos vieux ligueurs et moi aurions tant voulu voir se transformer en réalité glorieuse, nous le renouvellerons demain pour la trentième fois!

Est-ce à dire qu'il faille se décourager de la lenteur des événements? S'alarmer de l'inutilité de nos gestes et de nos propagandes?

Est-ce à dire même que propagande et gestes aient été inutiles?

Quand nous n'aurions fait qu'interrompre la prescription; quand nous ne serions parvenus qu'à déjouer les tentatives — répétées! — des sans-vergogne qui consentiraient volontiers à faire de la République française une vice-royauté de l'empire d'Allemagne; quand nous ne serions arrivés qu'à maintenir l'espérance, qu'à détourner la honte, qu'à sauvegarder la fierté, ou même, plus simplement, qu'à empêcher l'herbe de croître sur le chemin de la frontière; encore eussions-nous fait œuvre tutélaire.

Dans une démocratie, où l'opinion publique est toute-puissante, ce n'est pas peine perdue que de ne l'avoir pas laissé se désorienter, que de l'avoir mise en état de servir de point de repère, voire de point d'appui à nos faibles et timides gouvernements.

L'intransigeance du patriotisme populaire leur a plus d'une fois permis d'opposer un *non possumus* motivé au *sic volo, sic jubeo* du Nabuchodonosor berlinois, toujours dévoré du désir de pénétrer en France en grand uniforme et de venir en plein Paris écraser sous le talon de ses bottes, nos souvenirs, nos espérances et nos regrets.

Et ce sont précisément ces regrets, ces espérances et ces souvenirs qu'il faut maintenir à tout prix.

*_**

Certes, c'est bien peu qu'une protestation platonique, en face de souffrances réelles ; encore importe-t-il d'affirmer la nôtre plus nettement que jamais, alors que de son côté, sous une forme nouvelle, non belliqueuse, je l'ai dit, non pas même violente mais tenace, digne et fière, la protestation alsacienne-lorraine s'affirme elle aussi plus nette que jamais.

Vous en avez pour garant immédiat le dernier débat qui s'est ouvert au Landesausschuss sur la *Réforme constitutionnelle*, et à la suite duquel la motion d'indépendance repoussée par le gouvernement allemand a été votée par 36 voix contre 6, sur 42 votants.

J'ai suivi dans le *Nouvelliste d'Alsace-Lorraine* toutes les phases de cette séance historique, j'ai lu et relu les détails de cette poignante discussion, j'en ai apprécié toute l'énergie, toute là dialectique, toute la vaillance, et je vous demande, aux trois noms déjà cités et déjà connus des Wetterlé, des Preiss et des Blumenthal, de joindre, dans votre admiration émue, de garder dans votre mémoire attendrie, les noms de Monseigneur Winterer, de l'Alsacien Hauss et du Lorrain Labroise.

Je ne connais, personnellement, ni les uns ni les autres de ces protestataires, mais je les connais désormais mieux que de vue. Je ne dirai pas d'eux : « Ce sont des Français »; je me contenterai de dire : « Ce ne sont pas des Allemands »; j'ajouterai surtout que ce sont des hommes.

*
**

Enfin, Messieurs, s'il faut un levier de plus à votre piété et à votre pitié fraternelles, songez que le conquérant qui continue à traiter les deux nobles provinces en pays conquis, — ainsi que le lui reproche l'abbé Wetterlé; — qui s'obstine à ne voir dans ses nouveaux sujets que des Allemands de seconde classe, — ainsi que le lui a dit M. Blumenthal, — s'est encore ingénié ces jours-ci à leur infliger un tourment de plus.

Ce sombre et lourd garde-chiourme qui s'imagine réussir, par là, à germaniser plus vite l'Alsace-Lorraine, — lui qui a mis près de deux siècles à ne pas germaniser la Pologne ! lui qui

ne germanisera jamais le Schlessvig-Holstein !
— le voilà qui vient de recourir une fois de
plus au droit de la force, et de prendre contre
ses victimes une nouvelle mesure officielle qui
est tout à la fois un aveu de son impuissance
et un signe de sa tyrannie.

Au mois de mai dernier, sans autre raison
que son bon plaisir ou que sa haineuse malfai-
sance, le despote germanique a appuyé son
poing brutal sur la bouche d'un peuple libre.

Une loi d'Empire a interdit définitivement aux
dépossédés de la France devenus les possédés
de la Prusse l'usage public de leur langue ma-
ternelle !...

*
* *

Patriotes jeunes ou vieux, ligueurs ou non
ligueurs ! Français et Françaises qui aimez la
France ! Parisiens et Parisiennes qui avez toujours chéri l'indépendance à l'égal de la liberté,
n'est-ce pas que vous serez nombreux sur la
place de la Concorde ? N'est-ce pas que vous
serez innombrables sur la terrasse des Tuile-
ries et que vous ne fêterez pas notre Fête
Nationale sans avoir pieusement commémoré
avec nous notre deuil national, fièrement affirmé comme nous notre espérance plus nationale
encore ?

Le 14 juillet 1790, nos trente-deux provinces devenues la veille nos quatre-vingt-trois dé-

partements avaient revêtu pour la première fois
leur robe tricolore et, la main dans la main,
le cœur à l'unisson du cœur, elles accouraient
toutes au Champ de Mars prêter serment de
fidélité à la Nation, seule créatrice de la Loi,
et à la Loi, seule souveraine de la Nation.

Avec la Bourgogne, avec la Franche-Comté,
avec les Flandres, avec la Bretagne, avec la
Provence, avec toutes leurs sœurs d'alors et
d'aujourd'hui, l'Alsace et la Lorraine aussi
étaient là.

Qu'elles y soient encore ! Et que demain,
au pied de cette statue de Strasbourg dont trente
ans de pèlerinage, plus de cent mille pèlerins
et des milliers d'ex-votos, ont fait un véritable
autel de la Patrie, ce soit l'ombre de ces deux
absentes qui nous guide, leur souvenir qui nous
rallie, leur énergie qui nous inspire et qui nous
anime.

Et vous, jeunes Républicains-Patriotes de la
Fédération de la Seine, qui avez été les pro-
moteurs et les organisateurs de cette réunion,
soyez cordialement remerciés de l'initiative à
laquelle je dois d'avoir pris un contact si vivi-
fiant, non pas seulement avec vous qui pensez
comme moi, mais avec tous ces jeunes hommes
qui, conviés par vous, se sont rassemblés dans
cette salle sans arrière-pensée et sans parti pris.
Bienvenus soyez-vous, chers nouveaux venus !
Je ne connais pas vos opinions, mais je n'ai pas

besoin de les connaître, alors qu'avec tant de chaleur, d'élan et de netteté vous m'avez si bien affirmé vos sentiments.

La lenteur de la justice immanente ne m'inquiète plus, l'appréhension d'un oubli possible ne me hante plus; l'influence corruptrice des prédicateurs d'individualisme et d'abdication ne m'alarme plus.

Non! vous ne le laisserez pas s'éteindre ce flambeau de la vie des peuples qui s'appelle le patriotisme; non! vous ne la briserez pas cette solidarité nationale qui relie les générations nouvelles aux générations passées; non! vous ne délaisserez aucun de nos devoirs, vous n'abandonnerez aucun de vos frères, vous ne renoncerez à aucun de nos droits!

Le France se relèvera en vous et par vous!

Nos genoux lassés peuvent fléchir, l'avenir est en marche sur vos jarrets d'acier; nos yeux peuvent se fermer, les vôtres sont grands ouverts; nos voix peuvent se taire, vos bouches sont prêtes à parler; nos cœurs peuvent cesser de battre, l'âme de la Patrie est dans vos poitrines.

Honneur à toi, Jeunesse! Gloire à toi, Patrie! Vivent l'Alsace, la Lorraine et la France!

Autres brochures de propagande à 10 cent :

La Patrie, La Nation, L'État ;

Hommage à Jeanne d'Arc ; les Parlementaires ;

la République dévastatrice et la République réparatrice

IMPRIMERIE

de la " Presse " et de la " Patrie "

PARIS